MÉTHODE
DE LECTURE
THÉORIQUE ET PRATIQUE

MÊME LIBRAIRIE.

Nouvelle grammaire française, suivant le plan indiqué par Son Excellence le Ministre de l'Instruction et des Cultes, dans son instruction générale du 15 novembre 1854 : avec l'exposé des principes et de la méthode à suivre pour l'uniformité de l'enseignement des trois langues classiques ; par F. CLAUDE, ancien inspecteur de l'instruction primaire. In-12, cartonné. 0 70

Histoire de l'Ancien et du Nouveau Testament, ou l'OEuvre de Dieu sur la terre depuis le commencement du monde jusqu'à nos jours. Livre de lecture pour les écoles et les familles catholiques ; par M. l'abbé V. POSTEL, du diocèse de Paris, auteur de l'*Histoire de l'Église*, membre de l'Académie royale de Séville. Ouvrage approuvé par monseigneur l'évêque de Clermont. 1 vol. in-12. 1 50

L'homme tombé, un Sauveur promis et donné : toute la Religion est dans ces trois mots.

Offrir à l'enfance chrétienne, dans une série de lectures simples et uniformes, un tableau complet de l'histoire religieuse du monde, embrassant à la fois l'histoire sainte, la vie de Notre-Seigneur et l'histoire de l'Église, dans ce qu'elles ont de plus intéressant, de plus instructif et de plus pieux ; faire tourner constamment ces récits à l'édification de l'âme et à l'échauffement du cœur, et pour cela les présenter toujours sous leur aspect le plus touchant et le plus pratique : tel est le but, tel est l'esprit de cet ouvrage. Son grand mérite est d'avoir étendu de la sorte l'horizon du jeune âge, et de l'avoir fait d'une manière accessible au jeune âge. On n'y trouvera rien que de simple, de naturel, d'intelligible aux esprits les plus novices ; les prières et les résolutions qui terminent chaque chapitre et le résumé au point de vue pratique, semblent dictées par un enfant, tant le caractère général en est dénué de prétention et de cette lourde phraséologie dont on sature trop souvent les livres d'éducation élémentaire.

Ce nouveau travail sera donc, nous n'en doutons pas, accueilli avec empressement dans les écoles, dans les familles, dans les catéchismes de première communion, où il est destiné à faire le plus grand bien. Il est bon que l'on s'habitue de bonne heure à envisager l'ensemble de l'œuvre divine sur la terre, afin de la bénir avec plus d'effusion et d'en tirer pour l'âme un profit durable et plus réel.

La Religion enseignée à l'enfance et méditée par elle, ou Instructions simples et courtes sur tout l'ensemble de la religion : Dogme, Morale, Sacrements et Prière ; par M. l'abbé V. POSTEL. Ouvrage approuvé par monseigneur l'évêque de Clermont. 1 vol. in-12. 1 50

Les livres d'instruction religieuse abondent ; mais on ne saurait les trop multiplier. Celui-ci, qui s'adresse aux enfants de sept à quatorze ans, n'a pas beaucoup de rivaux à craindre. Ce premier âge a été trop négligé, et parmi ceux qui se sont adressés à lui, bien peu, croyons-nous, ont employé le langage facile et clair qui lui convient surtout. Dire ce qu'il faut, le dire brièvement, ne point aller au delà, éviter les locutions inintelligibles aux enfants, les considérations trop élevées pour leur âge, s'adresser à l'esprit en demandant la clef au cœur : ce serait assurément la perfection du genre ; et, s'il ne peut se rendre le témoignage d'y avoir réussi, l'auteur a le mérite du moins de l'avoir consciencieusement tenté. Dans cet ouvrage comme dans les autres, il a cherché principalement à nourrir une piété sincère et vraie, une piété pratique. Il sera compris, il instruira, il touchera : ses vues ne sauraient ambitionner autre chose.

La Persévérance, ou la Doctrine chrétienne expliquée et développée pour la jeunesse ; par M. l'abbé SÉVERAC. Ouvrage approuvé par Nosseigneurs les évêques d'Alby et de Cahors. 1 vol. in-8.. 5 fr.

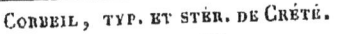
CORBEIL, TYP. ET STÉR. DE CRÉTÉ.

MÉTHODE
DE LECTURE

THÉORIQUE ET PRATIQUE

Comprenant :

LES RÈGLES GÉNÉRALES
DES EXERCICES GRADUÉS D'ÉPELLATION AVEC LES EXCEPTIONS ; DES NOTIONS
SUR LES SIGNES ORTHOGRAPHIQUES, LA PONCTUATION,
LES CHIFFRES, LES ABRÉVIATIONS, ETC.

PAR

UN OFFICIER DE L'INSTRUCTION PUBLIQUE.

LIBRAIRIE CLASSIQUE DE PERISSE FRÈRES,

PARIS | **LYON**
NOUVELLE MAISON | ANCIENNE MAISON
RUE SAINT-SULPICE, 38 | RUE MERCIÈRE, 49
ANGLE DE LA PLACE | ET RUE CENTRALE, 60

1856

Ce que c'est que la lecture ; son origine.

Les hommes, voulant fixer par l'écriture les sons qu'ils prononçaient pour exprimer leurs pensées, ont commencé par remarquer que la plupart des mots se divisent en un certain nombre de sons, toujours les mêmes, qui se reproduisent constamment, et qui, par leurs nombreuses combinaisons, constituent ces mots dont nous nous servons pour le discours, et par suite les langues que nous parlons. Ils ont vu que tous ces sons particuliers, considérés dans leurs éléments, pouvaient être représentés par des caractères, soit isolés, soit assemblés. Ainsi ils ont inventé l'écriture. On a d'abord gravé des mots sur des matières dures; ensuite on a trempé un instrument aigu, une plume, dans une substance colorante, et l'on a écrit sur des matières diverses, et plus récemment sur le papier, les connaissances que l'on a voulu transmettre. Enfin on a fait des livres imprimés, par des procédés que les élèves pourront apprendre plus loin, dans cette même méthode, quand ils auront appris à lire.

AUX MAITRES ET AUX MAITRESSES.

Dans une longue carrière de l'inspection, nous avons été à portée de reconnaître que, malgré leur mérite et leur dévouement, tous les maîtres chargés de l'enseignement élémentaire ne possèdent pas au même degré la méthode qui peut seule le rendre fructueux et rapide.

Beaucoup de ceux qui enseignent cette science, difficile parce qu'elle est donnée à un âge si tendre et qu'elle est la première de toutes, ne s'attachent guère à ouvrir, à intéresser l'esprit des élèves. En faisant autrement, non-seulement on irait plus vite, mais encore on éviterait aux enfants beaucoup des amertumes qui ne laissent pas que de les accompagner trop souvent dans tout le cours de leurs études. Et par exemple, que fait-on pour enseigner à lire aux enfants? On ne s'adresse guère qu'à la mémoire des yeux; on leur fait apprendre les éléments d'une manière assez machinale, sans s'inquiéter de leur donner, du moins avec quelque suite, les notions préliminaires qui rendront chaque leçon à la fois intéressante et facile à retenir.

C'est en suivant un autre procédé et en faisant bien voir à l'enfant l'objet de la leçon journalière, son rapport avec ce qui précède et ce qui suit, que nous lui donnerons l'habitude de marcher avec sûreté, que nous lui apprendrons à lire et le formerons à la bonne méthode.

En général, on oublie trop que, même pour la plus jeune intelligence, il faut placer la théorie, c'est-à-dire la partie orale, à côté de la pratique, la science à côté de l'art. Toutes les fois qu'on exerce l'enfant, il faut l'enseigner ; il faut éveiller son esprit, exciter sa curiosité, combattre son impatience et en profiter.

Dans cette nouvelle méthode de lecture, nous suivons en effet une marche très-méthodique, procédant par l'analyse, par la connaissance du détail, éclairant la route, assurant les pas, marquant le point de départ, la marche à suivre et la fin où l'on tend.

L'idée particulière de ce petit livre, ce qui fait son utilité propre, c'est que nous avons joint aux exercices pratiques de lecture, l'enseignement oral que le maître devra livrer à la mémoire de l'élève dans chacune de ses leçons.

Sans doute les maîtres savent très-bien ce qu'ils trouveront dans ce livre. Mais notre travail sera utile, s'il donne à plusieurs l'habitude de la méthode, s'il fixe l'attention sur le détail qu'il faut enseigner, s'il contribue enfin à donner une direction logique à l'enseignement élémentaire.

Quant à la disposition matérielle du livre, on remarquera que le rapprochement de deux parties, celle du maître et celle de l'élève, ne porte que sur les premières leçons, le reste consistant en sujets de première lecture. De plus, les détails de grammaire très-élémentaire que nous donnons, dans un style très-simple et que le maître devra développer, sont placés au bas des pages, de manière à ce qu'ils ne gênent pas le regard de l'enfant qui trouvera ainsi, d'une manière toujours suivie, les leçons qu'il doit apprendre.

Peut-être enfin jugera-t-on que notre méthode réunit quelques qualités essentielles : qu'elle est claire, progressive, courte et néanmoins assez complète.

NOTIONS PRÉLIMINAIRES A DÉVELOPPER PAR LES MAITRES.

I. — Utilité de l'art de lire.

Il est facile de comprendre l'utilité de la lecture. Tout ce que les hommes ont pensé, toutes les belles connaissances qu'ils ont acquises, toutes les histoires intéressantes qui se sont passées dans les temps qui nous ont précédés, les détails de la religion, les prières et les chants de l'Eglise, tout cela, pour être conservé dans la mémoire des hommes, a dû être perpétué par l'écriture, et le trésor s'en est transmis au moyen des livres. Un homme qui ne voudrait savoir que ce qui lui est nécessaire pour sa vie matérielle, et se bornerait à connaître ce que les autres hommes peuvent se transmettre de vive voix, serait bien ignorant ; il serait impossible à un esprit ainsi borné de se faire une idée de quelque chose d'élevé, à moins que ceux qui lui parlent n'aient trouvé eux-mêmes dans les livres l'objet de leur enseignement. L'homme serait, en vérité, peu digne d'être regardé comme une créature raisonnable, s'il négligeait ce moyen si précieux qui lui est donné, de se mettre par la lecture et l'écriture en communication avec ses semblables. Il est donc impossible que vous ne compreniez pas la nécessité de savoir lire, si vous voulez remplir vos devoirs, rendre votre existence plus agréable, et en même temps accomplir les vues de la divine Providence qui veut que l'homme se perfectionne par le travail et par l'instruction.

II. — Décomposition du langage dans ses éléments.

Quelque nombreuses que soient les combinaisons, les associations de lettres pour former des mots, le nombre de ces éléments, de ces lettres est assez borné. Leur liste s'appelle alphabet. Tous les peuples ne se servent pas du même alphabet; il y en a un assez grand nombre qui diffèrent entre eux. Nous n'avons à apprendre que l'alphabet français, qui est le même que le latin, et qui sert aussi à la plus grande partie des langues de l'Europe. Or, en français, nous connaissons vingt-cinq lettres, ni plus ni moins. Ce n'est pas très-difficile à retenir. Il s'agit de savoir seulement le son auquel correspond chacune de ces lettres, soit isolément, soit dans ses combinaisons, et comment ces caractères se succèdent, ainsi que les sons qu'ils représentent, pour former des mots.

Nous savons maintenant, à proprement parler, ce que c'est que lire. C'est assembler des yeux les caractères, soit gravés, soit écrits, soit imprimés; en d'autres termes, lire c'est parcourir des yeux les lettres d'un mot, puis les prononcer, soit mentalement, soit à haute voix, de manière à comprendre la valeur, c'est-à-dire le sens de chaque mot, et par suite avoir l'intelligence du discours.

On distingue les lettres en deux classes : les voyelles et les consonnes. Les premières sont celles qui seules forment une voix, un son. Les secondes ne peuvent par elles-mêmes former un son, mais seulement avec le concours des voyelles. Ici le maître exercera oralement les élèves à bien saisir cette distinction. Il leur fera prononcer les cinq voyelles, puis quelques consonnes. Ces différences organiques étant bien établies, et l'enfant connaissant bien la différence des sons qu'il prononce, on lui en mettra sous les yeux la représentation, ainsi qu'il suit.

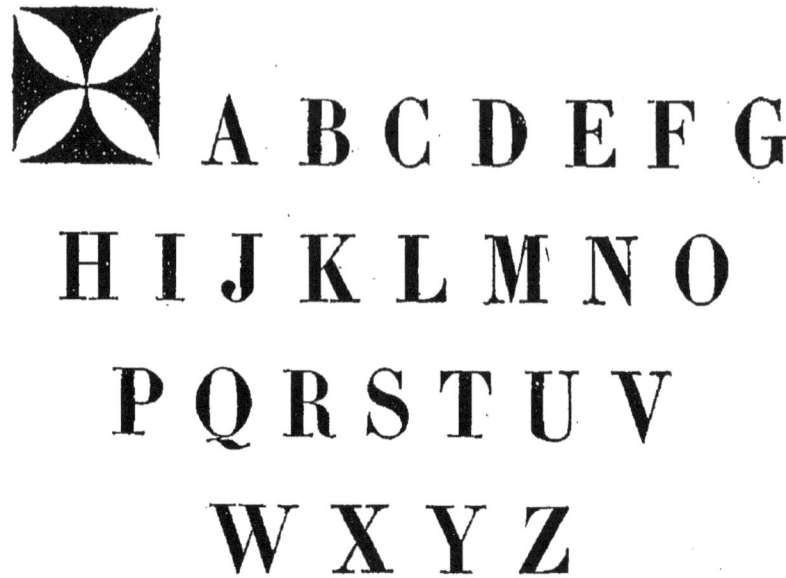

A B C D E F G
H I J K L M N O
P Q R S T U V
W X Y Z

---

a b c d
e f g h i j k l
m n o p q r s t u
v w x y z

VOYELLES MAJUSCULES.

A E I O U.

VOYELLES MINUSCULES.

a e i o u [1].

ACCENTS.

´   `   ^

Aigu.   Grave.   Circonflexe [2].

---

[1] Il y a cinq voyelles et dix caractères pour les exprimer, cinq majuscules et cinq minuscules. Les premières, qui sont les grandes lettres, s'emploient dans les inscriptions, au commencement des phrases, en tête des noms propres et dans d'autres circonstances. Les minuscules, ou petites lettres, servent à l'usage ordinaire des manuscrits et des livres imprimés. Il est facile à l'élève de voir que les grandes et les petites lettres ne diffèrent pas d'une manière essentielle ; le maître lui montrera cette ressemblance, ainsi qu'il le fera pour les consonnes, et l'enfant la saisira promptement. — L'y grec n'est qu'un double *i*.

[2] Les sons marqués par les voyelles ne se font pas toujours entendre avec la même nuance, on peut hausser ou baisser plus ou moins la voix, ouvrir plus ou moins la bouche en les prononçant, prolonger plus ou moins le son qu'elles représentent. De là, pour servir à ces intonations diverses, est venu l'usage des accents.

L'accent aigu montre qu'on élève la voix sur la voyelle, le grave,

VOYELLES ACCENTUÉES.

A À Â E É È Ê I Î O Ô U Û

a à â e é è ê i î o ô u û

é   è

fermé.   ouvert.

VOYELLES RÉUNIES FORMANT UN SEUL SON.

ai   au   ei   eu   ou [1].

Prononcez é   o   è   »   »

---

qu'on la baisse, et le circonflexe, que la voyelle est longue et qu'il faut prolonger le son. L'*a* prend le grave et le circonflexe, l'*e* prend les trois, l'*i* et l'*o* ne prennent en français que le circonflexe. Les accents sont surtout très-fréquents sur l'*e*. On appelle *e* fermé celui qui porte l'accent aigu; *e* ouvert, celui qui porte l'accent grave. Ces dénominations viennent de ce que la bouche, en prononçant le premier, est presque fermée, et est ouverte en prononçant le second. Quand l'*e* n'a point d'accent, il est dit muet, c'est-à-dire qu'il ne se prononce que d'une manière sourde et peu distincte. Il est très-important d'exercer les élèves à prononcer les quatre *e*.

[1] Il faut de suite faire remarquer ces réunions de voyelles, qui forment chacune un son simple et exercer l'élève à les prononcer. *Ai* se prononce *é*; *au*, *o*; *ei*, *è*. Prononcez *oi* comme *oua*.

oi

Prononcez oua

VOYELLES DOUBLES.

Æ   OE

æ   œ [1].

CONSONNES.

B C D F G H J K L M N P

Q R S T V X Z.

b c d f g h j k l m n p q r s

t v x z.

---

(1) Les voyelles doubles sont d'un emploi plus rare, elles ont le son de l'*e*, avec quelque différence. Dans le premier on entend légèrement l'*a*, dans le second, l'*o*.

MANIÈRE DE PRONONCER LES CONSONNES.

be ce de fe ge he je ke le me ne pe que re se te ve xe ze [1].

CONSONNES QUI ONT ENTRE ELLES QUELQUES RAPPORTS DE FORME.

(B R) (C G) (V Y).

(c e) (m n) (p q) [2].

ALPHABET COMPLET, AVEC LES VOYELLES, SELON SA DISPOSITION ORDINAIRE.

a b c d e f g h i j k l m n o p q r s t u v x y z.

---

(1) Les consonnes ne représentent pas de son par elles-mêmes elles ne sont que des articulations formées par les organes, tels que les lèvres, les dents, la langue, et pour avoir un son, une valeur, elles doivent être unies aux voyelles. Mais, pour les prononcer seules, il faut les supposer suivies d'un *e* muet.

(2) Montrer les ressemblances et en même temps les dissemblances de certaines lettres, c'est rendre plus facile à la mémoire le travail de les retenir.

SYLLABES SIMPLES (A DEUX LETTRES). (1)

ba	be	bi	bo	bu
ca	ce	ci	co	cu
da	de	di	do	du
fa	fe	fi	fo	fu
ga	ge	gi	go	gu
ha	he	hi	ho	hu
ja	je	ji	jo	ju
la	le	li	lo	lu
ma	me	mi	mo	mu
na	ne	ni	no	nu
pa	pe	pi	po	pu

(1) Les mots se composent de lettres, c'est expliqué. Mais ils peuvent aussi se diviser en syllabes. On appelle syllabe une ou plusieurs voyelles jointes ensemble à une ou plusieurs consonnes et ne formant qu'un son. Beaucoup de mots sont des monosyllabes, c'est-à-dire n'ont qu'une syllabe. Mais la plus grande partie se compose de deux ou de plusieurs syllabes. Pour savoir lire, tout consiste donc à assembler les lettres en syllabes et les syllabes en mots, s'il y a lieu. Ici il faut faire observer seulement à l'élève le mécanisme de la prononciation et de la division des syllabes dans les mots. On lui fait d'abord remarquer dans les phrases qu'on lui prononce les mots composés d'une seule syllabe, et on lui fait décomposer les mots qui en comprennent plusieurs. En un mot, on lui apprend à détacher les sons. Alors il comprendra et retiendra aisément le tableau des syllabes simples.

qua	que	qui	quo	quu [1]
ra	re	ri	ro	ru
sa	se	si	so	su
ta	te	ti	to	tu
va	ve	vi	vo	vu
xa	xe	xi	xo	xu
za	ze	zi	zo	zu.

OBSERVATIONS LES PLUS GÉNÉRALES SUR LE TABLEAU QUI PRÉCÈDE.

PRONONCIATION DU C.

ca	ce	ci	co	cu
ka	se	si	ko	ku [2].

DU G.

ga	ge	gi	go	gu
»	je	ji	»	» [3].

---

(1) Le *q* ne s'emploie que suivi d'un *u* muet (qui ne se fait pas sentir). Il fait double emploi avec le *k* et avec le *c* devant *a, o, u*.

(2) Le *c* est dur et se prononce comme le *k* et le *q*, seulement devant *a, o, u*; il est doux et se prononce comme le *s* dur devant l'*e* et l'*i*.

(3) Le *g*, devant l'*e* et l'*i*, est doux et se prononce de la mê manière que *je* et *ji*.

DU S.

Lisez

se   ce

ca se   ca ze [1]

CONSONNE QUI N'A PAS DE VALEUR PAR ELLE-MÊME.

h [2].

CONSONNES UNIES.

(ph) [3] — (ch) [4] — (gn) [5].

---

(1) Il y a le *s* dur et le *s* doux. Le premier se confond avec le *c* doux, et le second avec le *z*. Le *s* est dur (fort) au commencement des mots; il est généralement doux dans l'intérieur quand il est suivi d'une voyelle; il devient dur quand il est redoublé.

(2) La lettre *h* embarrasse l'enfant; il faut lui expliquer de suite l'*h* muette et l'*h* aspirée.

(3) La consonne *f* et les deux consonnes réunies *ph* ont le même son : *défi, zéphyr*.

(4) On n'épelle pas le *ch*; on prononce ensemble ces deux consonnes avec un son particulier. Exercer les élèves.

(5) Ces deux consonnes, ainsi réunies, ont un son unique, et ne se détachent que dans certains mots.

VOYELLES SUIVIES DE LA CONSONNE *n*.

an en in on un [1]

OU DU *m*.

am em im om um [2].

ANCIENNES DÉNOMINATIONS
DES LETTRES DE L'ALPHABET [3].

a	b	c	d	e	f	g	h	i	j
a	bé	cé	dé	é	ef	gé	ach	i	ji

k	l	m	n	o	p	q	r	s
ka	el	eme	ene	o	pé	quu	ere	ess

t	u	v	x	y	z.
té	u	vé	ix	i grec	zède.

---

(1) On ne saurait figurer les sons vocaux simples résultant de cette union d'une voyelle et du *n*. Il faut bien exercer oralement les élèves sur ce point.

(2) Quand la consonne qui suit le *n* est un *b* ou un *p*, le *n* se change en *m* et garde la même valeur.

(3) Quand les élèves sont familiers avec la vraie manière de prononcer les lettres de l'alphabet, comme nous l'avons indiqué plus haut (p. 13), il est bien de leur faire connaître l'ancienne dénomination des lettres. C'est d'ailleurs pour eux un premier exercice de lecture syllabique.

EXERCICES D'ÉPELLATION.

MOTS COMPOSÉS DE SYLLABES DANS LESQUELLES SONT APPLIQUÉES LES RÈGLES LES PLUS GÉNÉRALES.

I

A bî me, a do ré, â ge, a va re, ba ga ge, cô té, dé fi, é lè ve, é co le, é cu me, é pi ne, é pi, é té, fa ci le, fê te, ge lé, ha bi le, hâ te, po li, ju di ca tu re, li re, lu ne, ma ri, ma su re, o li ve, pa pa, pâ té, pi pe, re lié, sa le té, so ci é té, sû re té, tê te, vé ri té, vo lu me, zé ro, pro me na de.

II

Pu re té, ma niè re, ti ra ge, ver tu, mé ri te, ma la die, vie, à, du, de la, li ber té, un li vre, la pluie, mi ra cle, a vi di té, lu car ne, es cla ve, frè re, si, i ma ge, ré a li té, me su re, par ta ge, â me, gar de, il, dé sir, al cô ve, l'é ter ni té, pi tié.

III

Gra ve, gra vi té, ri va ge, lè vre, mi nu te, a zur, for ce, re te nir, lac, ha bi le té, i ma gi ne, ju ge, dé ro be, ra me, ber ge rie, lar me, hé las, su bli me, su bli mi té, ri de, fer me tu re, ta ble, a ni mé, fi nir, fe nê tre, oc to bre, dé cem bre, or dre, mi sè re, mi sé ra ble, je prie.

IV

Brû le, tra ce, pré, dô me, cas ca de, sé vè re, sé vé ri té, sexe, sé vir, sié ge, dî né, hô te, hos pi ta li té, hô pi tal, mé de cin, mé de ci ne, bri se, ra pi de, ra pi di té, li me, pic, a bri, a bri té, re pli, pé rir, mé ri dio nal, hé nir, tra ver sé, ga le rie, na tu re, re tar dé, ma gis tra tu re.

V

Pa ro le, é va po ré, di re, pu ri fie, a ve nir, a do re, cer ti tu de, vie, sol, for mu le, par le, vi te, du re, clar té, mê me, a mor ce, so li tu de, vol, ta pa ge, nu di té, cer cle, i vre, mo bi le, la me, vi vre, fé li ci té, di mi nué, i mi té, sur, va ni té, mys tè re.

EXERCICE SUR LES VOYELLES RÉUNIES.

Au, a m*ou*r, s*ou* ri re, *oui,* s*ou* ve nir, tr*ou* ble, m*aî* tre, m*aî* tres se, *j'ai,* *au* ber ge, m*oi,* t*oi,* s*oi,* é m*oi,* ef fr*oi,* fl*eu*r, bon h*eu*r, j*eu* ne, mal h*eu*r, s*ei* gle, il y a v*ai*t s*oi* rée, D*ieu,* é cri v*ai*t, ha l*ei* ne, L*oi* re, é tr*oi* te, v*oi* tu re, f*ou* le, tr*ai*t, vul g*ai* re, d*au* be, flé *au,* pré *au,* pl*ai* re, t*ai* re, gr*ai* ne, *oi* sif, *oi* si ve té, *au* teur.

SUR LE *c* ET LE *g*.

Ra *ce,* *cé* ré mo nie, *cè* dre, *car,* *cor* po rel,

*c*ui ras se, *c*u ri o si té, *ca* rê me, dé *c*or, *c*u re, *c*ar ti la ge, é *c*ar te, é *c*o le, *g*loi re, *g*ra ve, *g*ra vu re, *g*ar ni tu re, *G*au le, *g*é né ral, *g*ué rir, *g*é nie, *g*ui de, *g*ré, *g*ueu le, *g*uê tre, *g*uê pe, *g*uer re, *g*e nou, *g*en re.

SUR LE *s*.

Sé ré ni té, *s*e meur, *s*é mi nai re, *s*é né, *si*, *si* re, dé *s*ir, chas te, si nu o *s*i té, *s*i te, *s*o cial, po *s*e, plai *s*ir, *s*oi, ces *s*e, ca res *s*e, ra *s*e, il *s*e las *s*e, lais *s*e, i vres *s*e, il ja *s*e, toi *s*e, vi *s*a ge, dé *s*er te, bê ti *s*e, pres *s*e, con *s*o le, ré pon *s*e, gros *s*e, vi *s*i te, u *s*a ge, sa ges *s*e.

SUR LE *h*.

*H*eu re, bon *h*eur, mal *h*eur, *h*om me, la *h*al le, le *h*é ros, *h*i ver, *h*is toi re, *h*on neur, la *h*u ne, la *h*up pe, la *h*u re, *h*u meur, *h*u mi de, *h*u ma ni té, la *h*u ée, la *h*ous se, la *h*ar pe, *h*ui le, *h*ym ne, *h*y dre, *h*o no ra ble, *h*om ma ge, la *H*ol lan de, *h*ô te.

SUR *ph, ch,* ET *gn.*

*Ph*i lo so *ph*ie, ty po gra *ph*e, *ph*a re, *ph*ar ma‑
cie, *ph*é nix, *ph*é no mè ne, *ph*il tre, *ph*o que,
pa ra *ph*e, gé o gra *ph*ie, *ph*ra se, *ch*é rir, *ch*oi sir,
pa na *ch*e, *ch*aî ne, mar *ch*e, po *ch*é, lâ *ch*e, pé‑
*ch*é, *ch*ar me, *ch*è re, *ch*ar, *ch*ar rue, re pro *ch*e,
si *gn*e, si *gn*al, li *gn*e, tâ *ch*e, pio *ch*e, be so *gn*e,
soi *gn*e, cy *gn*e, mon ta *gn*e, qu'il é tei *gn*e, é‑
par *gn*er.

SUR LES VOYELLES UNIES AU *n* OU AU *m.*

*E*n fant, en fan t*in*, *in* ti mi té, vo lon té, mis‑
si *on*, *on*, l'*on*, *in* quié tu de, si len ce, *in* jus te,
h*u*m ble, en f*in*, souf fran ce, en co re, dé cem‑
bre, em bar ras, char mant, le jour de l'an,
j'en em pê che rai, *in* cons tan ce, em bar ras, om‑
bra ge, pré ten dre, sen si ble, lieu te nan ce, pha‑
lan ge, *im* pos si ble, men son ge, pru den ce,
lan gue, chan son, man de ment, mon de.

———

EXCEPTIONS ET RÈGLES PARTICULIÈRES.

a

	Lisez
P*ain*	Pin

b

| Plom*b* | Plon (1) |

c

*Ch*ronique	*C*ronique
E*ch*o	E*k*o
Blan*c*	Blan (2)
Su*cc*ession	Su*k*cession

d

| Renar*d* | Renar |
| Gran*d* (homme) | Gran*t* (homme) (3) |

---

(1) Le *b* final ne se fait pas sentir, même quand le mot suivant commence par une voyelle.

(2) Il en est de même du *c* dans *blanc* et dans *banc* ; il se fait sentir dans *pic*, *bec*.

(3) Le *d* ne se fait pas entendre généralement à la fin des mots, même quand le mot suivant commence par une voyelle ; néanmoins dans *grand*, suivi d'une voyelle, il sonne comme le *t*.

e

	Lisez
Ancien	Anciin (1)
Beau	Bau (2)
J'ai eu	J'ai u
Femme	Fame
Frein	Frin (3)
Lisent, lisaient	Lise, lisè (4)
Faciles	Facile (5)
Les	Lè
Cher	Chèr

s

Neuf ans	Neu vans (6)
Bœufs, œufs	Beu, eu (7)

(1) *En* précédé d'une voyelle a le plus ordinairement le son de *in*.
(2) L'*e* muet devant la voyelle ne se fait pas entendre.
(3) L'*e* disparaît dans la prononciation, comme *a* dans *pain*.
(4) *Ent*, dans le verbe, ne se prononce pas plus que l'*e* muet. La règle générale, on l'a vu, est de prononcer *en* comme *an* : *absent, innocent*.
(5) L'*e* muet, suivi du *s*, particulièrement au pluriel, reste muet. Il y a des exceptions : par exemple, les monosyllabes *les, des, ses, tes*; prononcez *lè, dè, sè, tè*.
(6) Liez et changez le *f* en *v*.
(7) Au pluriel ne prononcez ni le *f* ni le *s*.

— 25 —

g

	Lisez
Stagnante	Staguenante
Suggérer	Suguegérer

i

| Oignon | Ognon |

l

Etincelle	Etincèle (1)
Fille	» (2)
Travail	
Fils	Fis
Fusil	Fusi
Péril	»

m

| Essaim | Essin |
| Automne | Autone |

---

(1) Le redoublement du *l* en syllabe finale est insensible ; autrement on le marque : *intelligent, satellite*.

(2) On ne peut figurer le son mouillé de ces deux *l*; de même du son de *il* dans *travail*; plus bas le *l* a encore le son mouillé dans *péril*. Exercer l'élève.|

Syllabaire. 2

n

	Lisez.
Mo*n*sieur	Mosieu

o

Pa*on*	Pan
S*oi*n	So*u*in
*OE*il	Euille
Cœur	Queur

p

Ba*pt*ême	Batême (1)
Pro*mpt*	Pron
Cham*p*	Chan
Cou*p*	Cou

r

| Aime*r* | Aimé (2) |

---

(1) Le *p* devant le *t* ne se prononce pas ordinairement; il en est de même du *p* final, à moins qu'il ne soit suivi d'une voyelle : un cou*p* imprévu. Le *p*, même devant une voyelle, ne se marque pas dans *champ*.

(2) Le *r* final, particulièrement à l'infinitif, ne se prononce pas, et l'*e* qui le précède se dit *é*; mais quand il est suivi d'une voyelle, il se prononce : aller à Paris, prononcez *alléra*. Il y a des exceptions : *cher*. Voyez à l'*e*.

	Lisez
r	
Cher	Cher
Monsieur	Mosieu
s	
Roses, maisons	Rose, maison (1)
Messe	Mèce
Lis (plante)	Liss
Il est	Il è
t	
Chant, lit	Chan, lit (2)
Action	Akcion (3)
Inertie	Inercie
Portions	Porcions
Nous portions	Nous portions
Amitié	Amitié

(1) Le *s* final ne se prononce pas, excepté dans *lis* (plante), *fils*, et d'autres.

(2) Le *t* final, comme le *s*, ne se prononce pas, excepté quand le mot est suivi d'une voyelle ou d'une *h* muette.

(3) Le *t* devant l'*i* se prononce *ci*, excepté dans la première personne du pluriel de l'imparfait, et quand l'*i* est suivi de l'*é*.

— 28 —

u

	Lisez.
Aig*u*ille	Aig*u*ille (1)
Aq*u*atique	Ac*ou*atique
Org*u*eil	Org*u*euil

x

Deu*x*	Deu
Si*x*	Si*ss*
Soi*x*ante	Soi*ss*ante

y

Essa*y*ez	Essa*ii*ez (2)

z

Lise*z*	Lisé (3).

I

a b c d

Pain, cert *a*in, hau t*a*in, b*a*in, ger m*a*in, gr*a*in, loin t*a*in, dé d*a*in, châ te l*a*in, cha pe l*a*in,

---

(1) Contre la règle, faites sentir l'*u*; il ne se marque pas dans *anguille*.
(2) Devant une voyelle, l'*y* se prononce comme un double *i*.
(3) Le *z* final revient à l's et ne se fait sentir qu'avant une voyelle initiale du mot suivant.

de main, — plom*b*, — c*h*rè me, é *ch*o, Eu cha-
ris tie, *ch*ro ni que, *Ch*ry so sto me, blan*c*, — re-
nar*d*, bil lar*d*, bro car*d*, ba var*d*, mon ta gnar*d*,
blon*d*, pro fon*d*.

II

e

His to rien, moy en, rien, gar dien, doy en,
com bien, en tre tien, beau, as seoir, bour reau,
fu seau, eau, far deau, ba teau, gâ teau, geai,
Geor ges, beau, ju meau, geô le, moi neau, j'ai
eu, j'eus, fem me, frein, sein, des sein, en frein-
dre, ils li sent, chan tent, ai ment, jouent, voient,
re gar dent, boi vent, tuent, vi vent, nui sent, ils
li saient, chan taient, ai maient, jou aient,
voy aient, re gar daient, bu vaient.

III

e f g i

Fa ci les, pe ti tes, for ces, é toi les, ar bres, va-
gues, no tes, les, mes, tes, ses, des, tu es, cher,

hi ver, a mer, en fer, fer, hi er ; — neuf ans, bœufs, œufs, — li gne, li gue, in tri gue, bri gue, fa ti gue, fru gal, as tro lo gue, dia lo gue, sta‑gnan te, sug gé rer ; — oi gnon.

IV

l m n

É tin cel le, ré el le, mor tel le, é ter nel le, fol le, el le, voy el le, in tel li gent, sa tel li te, fil le, gen til le, pa co til le, flo til le, gue nil le, tra vail, dé faillir, fils, gen tils, fu sil, pé ril, ba bil, ba ril, che nil, gré sil, per sil, ex il, pué ril ; — es saim, daim, au tom ne ; — mon‑sieur.

V

o œ p r

Pa on, ta on, fa on ; — soin, oin dre, join‑dre ; — cœur, œil, œil let, œil la de, nœud ; — bap tê me, prompt, promp ti tu de, il rompt, cor‑rompt, champ, camp, coup, loup, beau coup ; — dis pu ter, man ger, é le ver, tail ler, le ver, mé‑

na ger, vi der, a gré er, cré er, tra vail ler, marcher, é tu dier, mes sa ger, é tran ger al tier, dan ger, cher, hi ver, a mer, en fer, fier, hier, — mon sieur.

V I

s

Mai son, toi se, toi son, at ti ser, ra ser, ma-su re, vi sa ge, a vi sé, ai sé, com po ser, é ly sée, a mu se ment, bel les, mai sons, étoi les, toi sons, vi sa ges, ba lan ce ments, bras, cor des, tas, las, nous mar châ mes, peu pliers, tu lis, fî mes, é blouis, bon dis, dis, ché ris, fils, lis, mes se, ca res se, ces se, pres se, har dies se, il est.

VII

t u x y z

Chant, lit, rat, plat, chat, cli mat, pe tit, part, pa le tot, court, as pect, res pect, ac tion, por tion, nous por tions, men tions, nous mentions, mar ti al, in di gna ti on, i ner tie, fa cé tie, i ni *ti* é, ga ran *tie*, Eu cha ris *tie*, hos *tie*, am- nis *tie*, a mi *ti* é, pi *tié* ; — ai g*ui*l le, an- g*ui*l le, a qua ti que, or g*u*eil, é c*u*eil, ac c*u*eil, re c*u*eil ; — deu*x*, si*x*, deu*x* hom mes, si*x* oi- seau*x*, soi *x*an te ; — es sa*y* er, dé la*y* er, em- plo*y* er ; — li se*z*, ai me*z*, chan te*z*, le ve*z*, chan- ge*z*, vi ve*z*.

I

L'é tu de, la bon té, la fi dé li té, la mai son, le ciel, une é toi le, l'air, l'hom me, l'ai re, l'è re, la guer re, la mi li ce, mi li tai re, ai mer, a mour, chan ter, ce lui-ci, cel le-ci, ceux-là, un sa ge, de la mo des tie, grand, re ce voir, ex é cu ter, hy po cri sie, de la hai ne, au men son ge, aux fo rêts, à la toi le, à la ver tu, aux ver tus, re- con nais sance.

II

Ai mer, bel le, bra ver, cor de, dan ger, dé- fi, dor mir, em bar ras ser, é nor me, es say er, en dor mir, far cir, fem me, fi gue, fil le, gar nir, gué, ha che, ha ran gue, i mi ter, jar din, ki osque, les, lit, li sez, li vres, lois, maî tre, mes, par ti cu le, pei ne, pe tit, qua li té, que, raison, re cher che, ri che, si gne, sor tir, sur di té, tâ che, tar ti ne, tes, tê tes, voi tu re, vou loir, zéphi re.

III

Ai mant, beau, bien, bien fai teur, chant, chants, champs, chou, cher, ciel, cœur, couvent, Dieu, é preu ve, frein, fils, grap pe, instinct, joie, jour, ils li sent, ils li saient, in nocent, mai sons, mouil lé, œil, or gueil, pain, pied, pa trie, qua train, re cueil, re nard, saint, sei gle, sei gneur, seuil, soin, be soin, si gnal, som meil, très, tra vail, vau tour.

TERMES GÉOGRAPHIQUES.

Mer, fleu ve, dé troit, con ti nent, Fran ce,

Es pa gne, Au tri che, Al le ma gne, A sie, Eu-
ro pe, In de, Per se, Ma drid, Ro me, Pa ris,
An gle ter re, Nor wé ge, A mé ri que, Bos ton,
Nou vel le - Or lé ans, Bor deaux, Ly on, Chi ne,
Ja pon, A fri que, Sé né gal, Ca fre rie, Pé rou,
Me xi que, Cal cut ta, Pon di ché ry, Al ger, O ran,
Con stan ti no ple, Sé bas to pol, Cri mée, Jé ru sa-
lem, Ju dée, Sy rie, A ra bie.

NOMS PROPRES.

V

Au gus te, A lex an dre, A dol phe, Ar mand,
Be noît, Bar thé le my, Bap tis te, Char les, Cé-
sar, Di dier, Dé si rée, Do ro thée, Eu gè ne,
É mi lie, Er nest, Fé lix, Fer di nand, Fé li ci té,
Ge ne viè ve, Geor ges, Hen ri, I mo gè ne, I ris,
Ju les, Jean, Lou is, Lu do vic, Ma ria, O di le,
Paul, Ra de gon de, Sté pha nie, So phie, Sos-
thè nes, Thé o do re, Thé rè se, Vir gi nie, Vic-
tor, Vic toi re, Zé lie.

COURTES PHRASES.

I

Ne nour ris sez pas un fol es poir. Il faut aller à Pa ris. Mé pri sez les vains hon neurs. Les hom mes in no cents. Vous chan tez à ra vir. Le saint sa cri fi ce de la mes se. C'est une bon ne ac tion. Les por tions sont for tes. Nous por tions no tre far deau. Un air mar tial. Il est am bi tieux. Il est ex i lé. Il a lais sé u ne bel le suc ces sion. C'est un li vre an cien. Il don ne au dien ce, pre nez pa tien ce. Le geai pa ré des plu mes du paon. J'ai eu faim. Il eût ai mé. Lais sez la por te ou ver te.

II

Il est en pé ril, mon fu sil est bon. Il y a i ci un bel é cho. La sain te Eu cha ris tie. Ai gui sez mon cou teau, en fi lez mon ai guille. L'a ni mal a qua ti que. L'au tom ne est doux. Mon sieur vo tre pè re. C'est un grand hom me. Les oi gnons d'É gyp te. Le sa cre ment de bap tê me. Les champs heu reux, le plomb ho mi ci de. Sa mort a été glo rieu se. Cin quan te bœufs ; au tant d'œufs. De puis neuf ans. As pect o di eux, res-pect hu main. Eau sta gnan te. Un hom me in-tel li gent.

III

La vé ri té est le bien de l'hom me. Nous de vons ai mér la ver tu. Dieu ré com pen se ra les bons ; il pu ni ra les mé chants. Il faut ê tre bon, si l'on veut ê tre ai mé. No tre-Sei gneur est mort pour les hom mes. Cher chez Dieu a vant tout et le res te vous se ra don né par sur croît. La pi é té con vient à tous. L'en fant doit ê tre do cile à la voix de Dieu, à la vo lon té de ses pa rents et à cel le de ses maî tres.

IV

Il faut qu'un en fant ait un bon ca rac tè re, qu'il soit bon ca ma ra de, qu'il soit re con naissant en vers ceux qui lui font du bien et ne cherche pas à rendre le mal pour le mal. Il est réellement très-sage. Prenez garde de tomber; une chute peut être dangereuse. Ayez l'œil dirigé vers les cieux. Gardez la foi. Marchez avec précaution. Ayez de bonnes mœurs. Protégez les faibles. L'église principale de la ville est vaste.

NOTIONS COMPLÉMENTAIRES.

SIGNES ORTHOGRAPHIQUES AUTRES QUE LES ACCENTS (1).

L'apostrophe (') (2).

L'âme, l'histoire, l'honneur, je m'élève.

---

(1) On appelle orthographe l'art d'écrire les mots correctement, c'est-à-dire d'une manière conforme aux règles, et signes orthographiques certains caractères qui, avec la ponctuation, sont nécessaires pour bien écrire, et dont la connaissance est nécessaire pour la lecture.

(2) Marque la suppression d'une voyelle, *a*, *e*, *i*. L'âme pour

Cédille (ˌ) (1).

Fa ça de, le çon, re çu.

Trait d'union (-).

I rai - je? Lais sez – moi. Chef - lieu (2).

Tréma (¨).

Na ï f, Sa ü l (3).

Parenthèse ( ).

Je veux (ne vous en dé plai se) (4).

---

la âme; l'histoire pour la histoire; l'honneur pour le honneur ; je m'élève pour je me élève.

(1) La cédille se met sous le c devant les voyelles a, o, u, pour lui donner le son de l's dur, qu'il prend devant l'e et devant l'i.

(2) Sert à marquer la liaison qui existe entre deux mots, comme s'ils n'en formaient qu'un seul. Quand il est plus long et qu'il sert à séparer des phrases, il s'appelle *tiret* (—). On en a beaucoup d'exemples dans ce livre.

(3) Double point que l'on met sur une voyelle pour marquer qu'on doit la prononcer séparément de la voyelle qui la précède. Les deux voyelles dont l'une est marquée du tréma forment nécessairement deux syllabes. Quand deux autres voyelles sont prononcées distinctement dans une seule syllabe, leur réunion forme ce que l'on appelle une diphthongue. Ainsi *ieu* dans *Dieu*, et le mot *oui*, qui forme bien deux sons, mais une syllabe unique.

(4) Deux crochets, qui servent à enfermer certains mots que l'on pourrait retrancher de la phrase sans nuire au sens. Souvent elle sert à placer un chiffre pour indiquer un renvoi. Dans ce cas on ne l'appelle guère parenthèse; on dit qu'on place le chiffre entre deux crochets. On dit ouvrir et fermer une parenthèse ; remarquez que la ponctuation ne se met qu'après sa fermeture.

Guillemets « ».

Dieu dit : « Que la lu miè re soit » (1).

Astérisque * (2).

Ma da me la ba ron ne de ***.

Et cætera (&) (3).

Le bœuf, le che val, l'â ne, etc.

Caractère italique.

Mai son , *mai son* (4).

---

(1) Les guillemets se mettent au commencement et à la fin d'un discours, quelquefois dans toute sa durée, en tête de chaque ligne. On dit ouvrir et fermer les guillemets, parce que les deux petits crochets, par leur disposition, semblent en effet ouvrir la phrase en commençant et la fermer en terminant.

(2) Petite étoile qui sert à marquer un renvoi.

(3) Signe qui se met après une énumération commencée, pour dire que ce n'est pas la peine d'achever. *Et cætera*, sont deux mots latins signifiant et le reste. Ce signe est souvent remplacé par une abréviation (V. plus bas). Dans l'exemple cité, suppléez : et les autres bêtes de somme.

(4) Le caractère italique n'est pas assurément un signe orthographique, mais il est indispensable de le connaître parce qu'il est d'un grand usage pour attirer l'attention sur des phrases ou des mots. Nous en avons à presque toutes les pages de ce livre.

PONCTUATION (1).

Virgule (,).

Dieu est bon, juste, tout-puissant (2).

Point et virgule (;)

L'homme est un être raisonnable ; la bête ne l'est pas (3).

Deux points (:)

L'homme a dit : Les cieux m'environnent (4).

Point (.).

Il faut aimer Dieu. (5).

---

(1) La ponctuation a été inventée pour marquer les repos que l'on doit faire en lisant. Les signes de ponctuation varient selon la longueur du repos exigé, et selon le sens qui le détermine. Les repos sont plus ou moins longs selon que le sens est plus ou moins suspendu ou qu'il est arrêté.

(2) La virgule se met après les mots qui ne se lient pas d'une manière directe, immédiate avec ceux qui suivent ; c'est le repos le plus court. On a pu remarquer que sa forme est adoptée pour l'accent, l'apostrophe, la cédille.

(3) Le point et virgule sépare entre elles les parties d'une phrase qui offrent un sens suspendu, mais non complet.

(4) S'emploient quand on va faire parler ou que l'on annonce une citation, et dans d'autres circonstances que l'usage apprend.

(5) Marque que la phrase est terminée et le sens complet. Le point (on l'a vu dès le commencement) est aussi un signe orthographique qui se met sur l'i.

Point interrogatif (?).

Que dites-vous ? (1).

Point admiratif (!).

Que le Seigneur est bon !
Ah ! eh ! oh ! (2).

Plusieurs points de suite (....) (3).

PHRASES INTERROGATIVES ET ADMIRATIVES.

Quel temps fait-il ? Quelle heure est-il ? Y a-t-il quelqu'un ? Venez-vous ? Irons-nous ? Que je goûte de plaisir à vous revoir ! Oh !

---

(1) Se met à la fin des phrases où l'on interroge.
(2) Après les mots ou les phrases qui expriment l'admiration, l'étonnement ou d'autres émotions de l'âme. On l'emploie aussi après les simples exclamations.
(3) On met plusieurs points de suite pour marquer que l'on n'achève pas sa phrase (ce qui s'appelle faire une réticence), ou bien pour indiquer que l'on passe quelque chose dans une citation. — Il faut faire connaître à l'élève ce que c'est que l'*alinéa* (à la ligne). C'est le commencement d'une suite de phrases marqué par une ligne rentrante. On appelle paragraphe la section d'une division entre deux *alinéas*. Quelquefois le paragraphe a plus d'étendue, quand la section est marquée par des chiffres ou par un signe particulier (§).

je vous ai me. Eh ! oui. Qu'ils sont doux ! Qu'il est ad mi ra ble ! Sont-ils heu reux ! Sont-ils heu reux ? (1). Qu'est-ce que ce la ? Appre nez - vous la mu si que ? Ah ! vous voilà. Vous ver rai - je de main ? Quand nous re trouve rons - nous ? Est - ce vous que je re vois dans u ne pa reil le si tu a tion ! (2). Que ve nez - vous de man der ici ?

CHIFFRES (3).

CHIFFRES ARABES.

1	2	3	4	5	6
un	deux	trois	quatre	cinq	six
7	8	9	0		
sept	huit	neuf	zéro.		

(1) Dans le premier cas, *Sont-ils heureux!* est une phrase exclamative signifiant Qu'ils sont heureux! Dans le second cas c'est une interrogation : je demande s'ils sont heureux.

(2) Quand on dit à quelqu'un : Est-ce vous que je vois ! on ne doute pas que ce ne soit lui. La phrase n'est pas interrogative, mais seulement exclamative ; elle marque l'étonnement.

(3) Les chiffres sont des caractères destinés à marquer les

CHIFFRES ROMAINS (1).

I	II	III	IV	V	VI	VII	VIII	IX	X.
1	2	3	4	5	6	7	8	9	10.

L	C	D	M
cinquante	cent	cinq cents	mille.

ABRÉVIATIONS LES PLUS ORDINAIRES (2).

C. A'D. C'est-à-dire. | Mme. Madame.
Dem^t. Demeurant. | Mgr. Monseigneur.
Dép^t. Département. | MM. Messieurs.
Ex. Exemple. | Etc. Et cætera (1).
M. Monsieur. | N. B. Nota bene (2).

---

nombres. On ne saurait ouvrir un livre sans trouver des chiffres, au moins en tête des pages. Il n'y a que neuf chiffres arabes, et un caractère nommé zéro, qui n'a point de valeur par lui-même, et qui vaut dix, placé à la suite de l'un des neuf chiffres. Tout ce qui regarde la combinaison des dix caractères arabes pour former tous les nombres désirables est du ressort de l'arithmétique, dans sa première partie appelée numération.

(1) On voit d'un coup d'œil que les chiffres romains sont des lettres majuscules, un I, un V, un X, un L, un C, un D, un M. Leur emploi est ancien comparativement à celui des chiffres arabes. On apprendra par l'usage aux élèves l'art de les grouper et d'en former des nombres.

(2) Il y a d'autres combinaisons dans les livres ; l'usage et le sens les font comprendre.

P. S. Post-Scriptum (3).	D^r. Docteur.
Mlle. Mademoiselle.	S. M. Sa Majesté.
M^d. Marchand.	S. M. I. Sa Majesté Im-
M^e. Maître.	périale.
N°. Numéro.	S. A. I. Son Altesse
P^{er} ou 1er. Premier.	Impériale.
2e. Second ou deuxième.	S. A. R. Son Altesse
3e. Troisième.	Royale.
4e. Quatrième.	LL. MM. II. Leurs Majes-
5e. Cinquième.	tés Impériales.
7bre. Septembre.	S. Exc. Son Excellence.
8bre. Octobre.	N. S. J. C. Notre-Seigneur
9bre. Novembre.	Jésus-Christ.
X^{bre}. Décembre.	S. Paul. Saint Paul.
J^{er}. Janvier.	Les SS. Apôtres. Les
F^{er}. Février.	Saints Apôtres.

(1) V. plus haut aux signes orthographiques.
(2) Deux mots latins qui signifient : faites attention à ceci; remarquez bien.
(3) Deux autres mots latins signifiant : après l'écrit, et que l'on place, ainsi en abréviation, au bas d'une lettre, pour ajouter une chose qui semble avoir été omise.

PHRASES POUR LES ABRÉVIATIONS.

M. Du rand est ve nu me trou ver ; c'est un m^d très-a cha lan dé, dem^t rue S.-Ho no ré, n° 9. Mgr l'ar che vê que de Pa ris, ac com pa gné de MM. les grands vi cai res, a vi si té les é ta blis se ments de cha ri té de son dio cè se. Il est le p^{er} de sa clas se, Paul est le 5e, Louis le 7e. Les mois de 9bre et de X^{bre} sem blent plus ri gou reux que ceux de J^{er} et de F^{er}, par ce que dans ces pre miers mois on n'est pas ac cou tu mé au froid. Les noms pren nent *s* au plu riel ; ex. : L'hom me, les hom mes. J'ai ren con tré Mme et Mlle Le grand. A vez-vous vu le cor té ge de l'Em pe reur? S. M. I. é tait dans sa voi tu re, avec l'Im pé ra tri ce et la Rei ne d'An gle ter re. LL. MM. II. et R. ont vi si té l'Ex po si tion. M^e *** a très-bien plai dé la cau se qui lui é tait con fi ée. Quel est vo tre mé de cin? C'est le d^r ***, un é tran ger fort ha bi le. La pas sion de N. S. J. C. L'As somp tion de la S^{te} Vi er ge. La mis sion des SS. A pô tres.

Nous avons donné dans les leçons et exercices précédents la plus grande partie des règles de la prononciation et de leurs exceptions. L'expérience du maître suppléera à ce qui peut n'avoir pas été dit. — Maintenant la lecture courante, non-seulement sans épeler, mais encore sans détacher les syllabes.

TABLE DES MATIÈRES

ET QUESTIONNAIRE.

Introduction. *Aux maîtres et maîtresses.* — Objet et disposition de cette nouvelle méthode de lecture. — Notions préliminaires : En quoi il est nécessaire de savoir lire ; en quoi consiste la lecture, et comment on a inventé l'écriture. — Qu'est-ce que l'alphabet en général et combien de lettres contient l'alphabet français? — Qu'est-ce que lire ? — Définissez les voyelles et les consonnes.

RÈGLES GÉNÉRALES.

Première leçon. *Des voyelles.* — Combien y a-t-il de voyelles simples et quelles sont-elles? — Quelle est la valeur de l'*y* (grec)? — Quel est l'usage des majuscules et celui des minuscules ? — Quel est celui des accents, et distinguez les trois sortes d'accents, ce que c'est que l'*e* fermé et l'*e* ouvert. — Quelles sont les voyelles réunies qui ne forment qu'un son ? — Comment prononcez-vous *oi* ? — Faites connaître les voyelles doubles et leur valeur.................................... 9

Deuxième leçon. *Des consonnes.* — Donnez la liste des consonnes et la manière de les prononcer. — Quelles sont les consonnes qui ont entre elles quelque ressemblance ? — Donnez l'alphabet complet en mettant les voyelles à leur place ordinaire. 12

Troisième leçon. *Des syllabes.* — Qu'est-ce qu'une syllabe ? — Qu'entend-on par monosyllabe ? — Qu'est-ce qu'épeler ; règles à observer pour l'épellation...................... 14

Quatrième leçon. *Observations sur le tableau des syllabes.* — Diverses manières de prononcer le *c*, le *q*, le *s*, selon les voyelles qui les suivent. — Consonne qui n'a pas de valeur par elle-même : *h* muette et *h* aspirée. — Consonnes unies : *ph*, *ch*, *gn* ; manière de les prononcer. — Voyelles suivies de la consonne *n* ou de *m*. — Dans quel cas met-on *m* au lieu de *n* ; manière de prononcer ces syllabes. — Anciennes dénominations des lettres de l'alphabet.. 15

EXERCICES D'ÉPELLATION.

Première leçon. *Mots composés de syllabes dans lesquelles sont appliquées les règles les plus générales.*................ 18

Deuxième leçon. *Exercices sur les difficultés.* — 1° Sur les voyelles réunies ; 2° sur le *c* et le *g* ; 3° sur le *s* ; 4° le *h* ; 5° *ph*, *ch*, *gn* ; 6° sur les voyelles unies au *n* ou au *m*.......... 20

Troisième leçon. *Tableau méthodique des exceptions et règles particulières*, classées selon l'ordre alphabétique. (Le questionnaire ne peut pas relever toutes ces exceptions ; voir au tableau même.).. 23

Quatrième leçon. *Exercices méthodiques sur les exceptions.* — Sept exercices disposés par ordre alphabétique, correspondant au tableau.. 28

Cinquième leçon. *Exercices mêlés sur les exceptions.* — Mots divers ; termes géographiques ; noms propres............ 32

Sixième leçon. *Exercices sur de courtes phrases*.......... 35

NOTIONS COMPLÉMENTAIRES.

Première leçon. *Signes orthographiques autres que les accents.* — Qu'entendez-vous par orthographe et signes orthographiques? — Qu'est-ce que l'apostrophe, la cédille, le trait d'union, le tréma? — Qu'est-ce qu'une diphthongue? — Qu'est-ce que la parenthèse, les guillemets, l'astérisque, le signe (*et cœtera*)? — Qu'entendez-vous par le caractère italique, et quel est son objet particulier?.................................. 37

Deuxième leçon. *Ponctuation.* — A quoi sert la ponctuation? — Qu'est-ce que la virgule, le point et virgule, les deux points, le point, le point interrogatif, le point admiratif? — Que signifient plusieurs points de suite, et les mots *alinéa*, paragraphe? — Exercice sur les phrases interrogatives et admiratives.. 40

Troisième leçon. *Chiffres.* — Qu'est-ce que les chiffres? — Distinguez les chiffres arabes et les chiffres romains...... 42

Quatrième leçon. *Abréviations les plus ordinaires.* — Tableau des abréviations; exercice................. 43

FIN DE LA TABLE.

Corbeil, typ. et stereotyp. de Crete.

www.ingramcontent.com/pod-product-compliance
Lightning Source LLC
Chambersburg PA
CBHW060939050426
42453CB00009B/1084